Vacas

Julie Murray

Abdo
ANIMALES DE GRANJA
Kids

abdopublishing.com

Published by Abdo Kids, a division of ABDO, PO Box 398166, Minneapolis, Minnesota 55439.
Copyright © 2016 by Abdo Consulting Group, Inc. International copyrights reserved in all countries.
No part of this book may be reproduced in any form without written permission from the publisher.

Printed in the United States of America, North Mankato, Minnesota.

102015

012016

THIS BOOK CONTAINS
RECYCLED MATERIALS

Spanish Translator: Maria Puchol

Photo Credits: iStock, Shutterstock

Production Contributors: Teddy Borth, Jennie Forsberg, Grace Hansen

Design Contributors: Candice Keimig, Dorothy Toth

Library of Congress Control Number: 2015954499

Cataloging-in-Publication Data

Murray, Julie.

[Cows. Spanish]

 Vacas / Julie Murray.

   p. cm. -- (Animales de granja)

ISBN 978-1-68080-424-9

Includes index.

1. Cows--Juvenile literature.   2. Spanish language materials—Juvenile literature.   I. Title.

636.2--dc23

                    2015954499

Contenido

Vacas 4

La vida
de una vaca 22

Glosario 23

Índice 24

Código Abdo Kids 24

Vacas

Las vacas viven en granjas.

La mayoría de las vacas son negras, blancas o de color café. Algunas tienen manchas o **marcas**.

Las hembras se llaman vacas.

Los machos se llaman toros.

Las crías se llaman terneros.

vaca

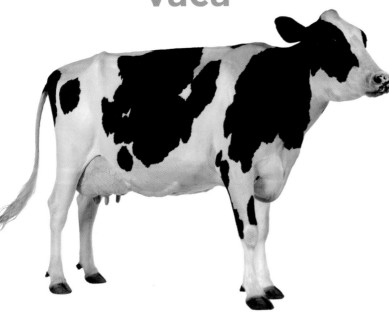

toro

ternero

9

Las vacas hacen "muuuu".

Las vacas comen paja y hierba.

También comen **grano**.

Las vacas comen mucho.

¡Comen alrededor de 50 libras (23kg) de comida al día!

La gente bebe leche de vaca.
La leche se usa para hacer
mantequilla. ¡También se
hace helado con ella!

¿Has comido carne de ternera alguna vez? ¡Proviene de las vacas!

¿Has visto alguna vez vacas en una granja?

La vida de una vaca

bebe agua

pasta por el campo

descansa

se ordeña

Glosario

grano
semillas de plantas que sirven
de alimento.

marcas
diseño o repetición de diseños
en la piel o pelo de un animal.

Índice

color 6

comida 12, 14

granja 4, 20

productos 16, 18

ruido 10

ternero 8

toro 8

vaca 8

abdokids.com

¡Usa este código para
entrar en abdokids.com
y tener acceso a juegos,
arte, videos y mucho más!

Código Abdo Kids:
FOK9390

24